Das kleine Buch
der
Feen und Elfen

Christine Stecher

Das kleine Buch der

Feen
und Elfen

Mosaik

Inhalt

Die

Feen und Elfen sind springlebendige Geschöpfe in der Natur, die zuweilen über ehrfurchtgebietende Kräfte verfügen. Dennoch ist ihre Welt federleicht und anmutig, denn ihr Werkzeug ist der Zauberstab aus Licht. Das geheimnisvolle Feenreich erscheint den Menschen heute so fern und märchenhaft. Dabei ist es gar nicht so schwer, Kontakt aufzunehmen und sogar konkrete Hilfe zu erhalten.

Geheimnisvolle Reiche

Ganz in unserer Nähe, gleich hinter dem nächsten grünen Blatt, existiert ein wunderbares Reich schöpferischer Geister. Es hat wie die buntgewürfelte Schar seiner Bewohner viele Namen. Bei uns wird es heute meist Reich der Naturgeister genannt. Es ist Teil der vom Mond regierten Anderswelt oder Astralwelt. In diesen Sphären sind die verschiedensten wohlgesinnten, hilfreichen, aber auch Schrecken erregenden Wesenheiten zu finden. Zu ihnen gehören zum Beispiel Tier- und Pflanzengeister, Ahnengeister, Kobolde oder Spukgestalten. Ihnen allen ist gemein, dass sie keinen materiellen, grobstofflichen Körper besitzen.

Wir Menschen haben durch unsere individuelle Seelenkraft die Möglichkeit, gleichzeitig in einem physischen Körper zu leben und auch in geistigen Welten zu Hause zu sein. So gelingt es uns, die Anwesenheit von gänzlich ätherischen Wesen wie den Elfen und Feen zu fühlen oder ihre Energien sogar zu erschauen. Voraussetzung ist, dass wir uns nicht zu sehr auf die Materie konzentrieren und uns in Balance mit unseren Gefühlen und Empfindungen bringen.

Auch durch Träume oder einfaches Stillwerden beim Anblick von herrlichen Naturlandschaften oder beim Verweilen im Schatten von alten Baumriesen lässt sich erspüren, dass unser Universum nicht nur eine einzige Ebene der Wirklichkeit in sich birgt. Es ist auf allen sichtbaren und unsichtbaren Stufen des Seins von unfassbar großer Lebendigkeit erfüllt.

Durch bestimmte Rituale, wie sie vor allem von Schamanen benutzt werden, erlangt ein Mensch einen tiefen Zugang zur Anderswelt, in der auch die Naturgeister leben. Eine solche Trancereise zu den Hütern der Pflanzen oder Kristalle wird im Rahmen der weißen Magie unternommen, um Geheimnisse zu lüften, Wissen zu erlangen und damit Heilung zu bewirken.

Auf der Erde kommen wir also mit verschiedenen geistigen Reichen in Kontakt. Aufgrund ihrer unterschiedlichen Schwingung existieren sie parallel zueinander, und manche durchdringen sich auch. Teilweise stehen sie in enger Wechselbeziehung, um sich gemeinsam höher zu entwickeln. Für uns Menschen sind die Naturwesen, die als Helfer der Engel dazu beitragen, dass das Leben auf der Erde gedeiht, die wichtigsten Nachbarn und Freunde.

Glück verbreitet sich in einem Haus, das einen Elfen besitzt, das Vieh gedeiht besser als an anderen Orten und wird von keiner Krankheit befallen, alle Unternehmungen gelingen.

Brüder Grimm

Ein Füllhorn von Lebendigkeit

In jedem grünen Winkel sind unter der Anleitung von Engeln und Landschaftsfeen Scharen von Naturgeistern am Werk, um Tiere und Pflanzen zu pflegen, um Quellen, Bäche und Teiche zu hüten oder um Berge, Hügel und Täler zu bewohnen und als Lebensraum offen zu halten. In jedem Land der Welt erzählen Märchen und Sagen von den Abenteuern, die ein Mensch mit diesen Geschöpfen aus der Anderswelt erleben kann.

Das Volk der Feen, Elfen, Zwerge, Nixen und Kobolde, das für das bloße Auge unsichtbar ist, nimmt in der Vorstellungskraft der Menschen jeweils eine besondere Gestalt an. Dabei spielen die regionalen kulturellen Traditionen eine Rolle. Afrikanische, australische oder südamerikanische Feenwesen haben andere Namen und Eigenschaften als europäische. Der Rhythmus ihrer Aktivitäten ist auch stets dem speziellen Klima des Landstrichs, den Zeiten von Dürre, tropischem Monsunregen oder Wirbelstürmen, und damit der Vegetation und der Tierwelt angepasst. Wenn sie sich zeigen, geschieht das in einer für den Betrachter vertrauten, überlieferten Form.

Naturwesen sind Energiewirbel, die sich in ständiger Bewegung befinden und deren Eigenschaften auch von jedem einzelnen Menschen etwas anders wahrgenommen werden. Feen können sich für uns als Lichtschein, als weiß gekleidete Frau oder in Tiergestalt bemerkbar machen. Elfen erinnern manchen an Schmetterlinge, an geflügelte kleine Kinder oder an zarte, bunte Nebel. Oft entsteht auch nur der Eindruck einer geistigen Präsenz, die auf einer inneren Ebene Gefühle und symbolische Bilder übermittelt.

Das alles klingt so fantastisch, dass man meinen könnte, das Reich der Elfen und Feen gehöre doch nur der Legende an. Schließlich zählt es auch zu den Eigenarten seiner Bewohner, dass sie scheinbar aus dem Nichts auftauchen, schwer zu fassen sind und plötzlich wieder verschwinden.

*Nun such ich Tropfen Taus hervor
und häng 'ne Perl in jeder Primel Ohr.*

William Shakespeare

Das Reich der Elfen und Feen besteht jedoch seit Anbeginn der Erde. Es entwickelte sich zusammen mit dem Pflanzen- und Mineralreich und ist mit dem Tierreich und dem Reich der Menschen verbunden. Bis heute verändert und entfaltet es sich unablässig weiter. Allerdings zieht es sich dort zurück und verschwindet sogar ganz, wo Pflanzen und Tiere ausgerottet werden und wo die Landschaft von Asphalt und Beton bedeckt wird.

Aus Liebe zur Schöpfung

Je mehr die freie Natur gezähmt wird, die Menschen nur noch auf ihren Verstand hören und ihre Gefühle und Instinkte vergessen, desto mehr wird die einst so enge Verbindung zu den Elfen und Feen gelockert. Die Zauberwesen aus der Natur erscheinen uns heute wie Bewohner von einem anderen Stern – und sie werden sogar manchmal von Science-Fiction-Fans mit diesen verwechselt.

Die meisten Erwachsenen in hoch technisierten Industrieländern glauben heute nicht mehr daran, dass es solche feinstofflichen Wesen wie Elfen oder Feen gibt. Sie leugnen diesen Aspekt des Lebens auf der Erde, oder sie finden ihn nur lächerlich und kindisch. Dabei gehen sie allerdings mit den Theorien der modernen Wissenschaft und mit der christlichen Lehrmeinung konform.

Viele haben die Feen und Elfen mit dem Ende ihrer Kindheit ganz einfach aus den Augen verloren. Kleine Kinder besitzen die Fähigkeit, zu staunen, sich vollkommen in ein Spiel zu vertiefen, vorurteilslos auf Neues zuzugehen, Gefühle unmittelbar auszudrücken und spontan aus dem Bauch heraus zu reagieren – beste Voraussetzungen, um in die Wirklichkeit der Feen und Elfen einzutauchen. Mit dem Älterwerden schließen sich meist die Türen zu dieser anderen Welt. Das scheint in unserer Kultur der Preis für das Erwachsenwerden zu sein, dessen Ziel in Abgrenzung, Selbstkontrolle und rationalem Durchsetzungsvermögen besteht.

Ein wichtiger Grund für das Vergessen mag auch darin liegen, dass nur noch wenige in engem Kontakt mit Wildpflanzen und Wildtieren leben. Zudem gönnen sich die wenigsten genügend Muße, um zu entspannen, sich für geistige Welten zu öffnen und spirituelle Erfahrungen zu sammeln. Durch selbstgeschaffenen Stress und rastlose Hektik bauen Verstandesmenschen undurchdringliche Mauern auf, die sie von der quirligen, emotionalen und lebenslustigen Welt der Naturgeister trennen.

KEINE ANGST VOR

Alles immer nur aus dem Blickwinkel von Vernunft und Verstand zu betrachten, versperrt den Zugang zu den Elfen und Feen, die in der Gefühlssphäre heimisch sind.

Die Welt der Feen und Elfen ist die Welt unkontrollierbarer Naturgewalten, die wie tiefe Gefühle, sexuelle Kräfte und überwältigende Leidenschaften schnell Angst machen. Wir setzen in unserer Kultur auf Beherrschung von wilder Natur und Instinkten. Wir glauben an Fortschritt und den linearen Verlauf der Zeit. Nur das materielle Diesseits zählt für uns. Elfen und Feen hingegen sind Bestandteil des ewigen Kreislaufes von Werden und Vergehen, der auch jenseitige Sphären berührt. In den Wachstumszyklen, wie wir sie kennen, sind die Ruhe des Winters und der Tod ein fester Bestandteil. Gerade deshalb werden von den Elfen und Feen wie auch von naturverbundenen Menschen die Frühlings- und Sommerzeit mit ihrer Vitalität und Schöpferfreude um so mehr gefeiert und dankbar begrüßt.

WILDEN GEISTERN

Eigentlich schenken die Naturgeister den Menschen gar nicht so viel Beachtung. Sie sind scheu und ganz in ihre Aufgaben vertieft. Ausnahmen sind die elfischen Wesen, die in Feld, Garten und Haus Nutz- und Heilpflanzen oder Haustiere betreuen oder die beispielsweise in einem belebten Park mitten in der Stadt leben. Die Fee eines Gebirgskammes oder die Blumenelfen einer einsam gelegenen Waldlichtung nehmen von sich aus keinen Kontakt mit den Menschen auf.

Das Band, das zwischen Naturwesen und den Menschen besteht, ist die Liebe zur Schöpfung. Menschen, die sich zur Tier-, Mineral- und Pflanzenwelt hingezogen fühlen, entwickeln ein Gespür für die Wesen, die in Kristallen, Felsen, Bäumen oder Hecken wohnen oder Tiere beschützen und ihnen zur Hilfe eilen.

Engel,

Feen, Naturgeister und die Elemente

Ein Zauber liegt über jeder Landschaft, ein Zauber, der von Engeln und ihren Helfern aus dem Reich der Feen und Elfen gewirkt wird. Die Engel geben das Muster aus Lichtfäden vor und lenken die aus der geistigen Sonne heraus strahlende schöpferische Kraft zur Erde. Die Scharen der Naturgeister – angefangen von winzigen Blütenelfen und kleinen Gnomen bis hin zu lieblichen Quellnymphen und wilden Sturmfeen – weben daraus eine wunderbare bunte Welt.

Schöpferisches Chaos – planvolle Ordnung

Angesichts der unübersehbaren Zahl von Blumen, Bäumen, Insekten, Fischen, Vögeln und Vierbeinern ist es kein Wunder, dass die dazugehörigen Feen und Elfen sich nicht so einfach in Schubladen einsortieren und mit einem Namensetikett versehen lassen. Die Naturgeister sind äußerst muntere Wachstumskräfte, die sich ihren Aufgaben fließend und kontinuierlich anpassen. Sie manifestieren sich als Energiewolken, die beständig in Bewegung sind. Sie werden von Engelwesen erschaffen, um bei schöpferischen Unternehmungen zu assistieren. So hilft beispielsweise eine winzige Elfe einer bestimmten Fingerhutpflanze, Blüten hervorzubringen. Eine andere ist möglicherweise auf Tulpen spezialisiert und sorgt für die rechte Zufuhr und Verteilung von ätherischer Energie, damit diese Pflanze sich optimal entfalten kann. Eine Elfenschar ist vielleicht mit der Pflege eines Beerenstrauchs betraut. Oder ein Getreidefeld wird von Korngeistern und Windfeen gewiegt, damit es reiche Ähren ansetzt. Eine im Vergleich zur Elfe höher entwickelte Fee übernimmt komplexere Aufgaben. Sie betreut zum Beispiel ein Waldstück, was die Pflege der Bäume, aber auch der dort lebenden Tiere sowie die Beaufsichtigung der kleineren Spezialisten wie Blumenelfen und Zwerge einschließt.

Aus unserer eingeschränkten Perspektive ist das Reich der Naturgeister verwirrend vielgestaltig und voller Überraschungen. Allerdings liegt ihm eine Ordnung zugrunde, und es entfaltet sich nach den kosmischen Gesetzen des Lichts. Der Rhythmus des Sonnenjahres, die Gezeiten des Mondes, die Einflüsse der Gestirne haben Auswirkungen auf den Mikrokosmos Erde, in dem die Naturgeister emsig am Werk sind. Sie nehmen die von den Engeln gesandten Energieimpulse spielerisch auf, fächeln ihren Schützlingen Lebenskraft zu und leisten Geburtshilfe beim Wachsen und Vermehren. Sie fühlen intuitiv, wo ihre Fürsorge gebraucht wird.

Unsere Welt ist die Welt der Objekte. Eine Elfe empfindet ganz anders. Sie lebt in einer Welt, in der jeder Grashalm und jedes Blatt durch ihr Leben zu einem Abenteuer werden. In jener Welt findet nahezu alles im Rhythmus seinen Ausdruck. Das Gras ist pulsierendes Leben, ein Baum ist ein Freund, und Blumen, Vögel, Insekten sind sozusagen die Kinder der Elfen. Die Elfe lebt in einer Welt der Leichtigkeit, mit Tausenden von Geschöpfen ohne physische Form.

Dora van Gelder

Respektvolle Achtung vor den Elementen

Schon in frühester Zeit gab es in den unterschiedlichsten Kulturen Rituale, um sich vor den Kräften von Erde, Feuer, Wasser und Luft respektvoll zu verneigen und den Elementen als stärksten Naturgewalten Opfer darzubringen. So wurden bei den germanischen und keltischen Stämmen den Fluten goldene Ringe, aber auch Pferde- oder sogar Menschenopfer übergeben. Vor gar nicht so langer Zeit gab es im Alpenraum noch den Brauch, den Wind mit Mehl zu »füttern«. Die tobenden Feuergeister eines Brandes versuchte man bis ins Mittelalter durch Opfergaben zu besänftigen und mit Zaubersprüchen zu bannen. Für die Erde wurde ein Trankopfer ausgegossen, oder es wurden Geschenke für die Erdgeister vergraben oder eingemauert, damit ein neu errichtetes Haus auf einem soliden Grund stünde.

Die verschiedenen Elfen und Feen, die in den

Sturmwolken, im Wasser, im Feuer und im Erdreich leben, sind zwar keine Verkörperungen der Elemente, aber sie lassen sich ihnen zuordnen. Von dem Arzt und Naturforscher Paracelsus (1493 – 1541) stammt ein noch heute verwendetes System, das allerdings nur einen groben Überblick verschaffen kann.

Element	Naturgeister
Feuer	Salamander
Wasser	Undinen, Nixen, Wassermänner
Luft	Sylphen
Erde	Gnome, Zwerge

• Die kleinsten *Feuerwesen* kommen hervor, sobald auch nur eine Kerze entzündet wird. Die mächtigsten Feuerfeen leben in der Erde, die sie durch ihre Kräfte mitgeschaffen haben und noch immer mitgestalten. Tätige Vulkane sind Orte, an denen die Energie der Feuergeister besonders stark zu spüren ist. Feuerwesen, Salamander oder auch Drachen, sind hoch entwickelte Naturkräfte der Wandlung und Veränderung.

• Früher wurden Quellen und Flüsse als heilig betrachtet. Man nutzte die Tatsache, dass das Beobachten oder Überqueren von Stromschnellen und Wasserwirbeln sehr leicht das Bewusstsein erweitern kann. Träume, Weissagungen, intuitive Schau und Mysterien sind mit dem Element Wasser verknüpft. Hier leben unter anderem wunderschöne *Wasserfeen* in reich ausgestatteten Palästen. Manchmal erscheinen sie in Fischgestalt, dann wieder kämmen sie als anmutige, erotische junge Frauen ihr goldenes Haar und bringen Menschenmänner um den Verstand. Die Wasserwesen haben eine Verbindung zur Fruchtbarkeit und zum Gefühlsleben.

• Im Element Luft tummeln sich die oftmals schon engelsgleichen *Luftfeen* oder Sylphen. Ihre feine Energie zeigt sich manchmal in der Gestalt eines Vogels oder einer zarten, schmalen, in pastellfarbene Kleider gehüllten Frau. Sylphen übernehmen zuweilen sogar die Funktion eines Schutzengels und schenken Inspirationen. Daneben existieren gewaltige Luftdrachen, die Stürme entfesseln können.

• Die Energie der *Erdgeister* wird vorzugsweise durch Bilder von Zwergengestalten übermittelt. Manche dieser Wichtelmännchen, Trolle, Moosleute oder Gnome leben in menschlichen Haushalten und Gärten. Andere hüten Schätze in Berghöhlen oder tun sich als geschickte Handwerker und Schmiede magischer Waffen hervor. Erdgeister schlüpfen manchmal auch in die symbolische Gestalt von Kröten und Fröschen.

Baumgeister und andere Zauberwesen

Im Reich der Naturgeister lässt sich jedoch nicht alles in das einfache Schema der Elemente pressen. Beispielweise sind Bäume mit ihren Wurzeln tief im Boden und damit im Element Erde verankert. Mit ihrer Krone ragen sie in das Luftreich hinein. Größere, ältere Bäume werden von Baumfeen beseelt, die man auch Dryaden nennt. Diese Baumgeister schlagen eine Brücke zwischen Himmel und Erde. Sie leiten das in ihren grünen Blättern oder Nadeln aufgefangene Licht, das Träger kosmischer Informationen ist, über ihre Wurzeln in den Erdboden hinein. Die Dryaden dienen also auch als Vermittler zwischen den Welten. Für den Menschen stehen sie in der Regel als sehr weise Ratgeber, Helfer und Kraftspender zur Verfügung. Sie können sogar aus dem Baum, den sie bewohnen, heraustreten. Ihre Energie teilt sich dann einem Menschen um so intensiver mit.

Ich glaube, daß die Leute sich deswegen des Nachts im Wald fürchten, da alle diese Wesen aus ihren Bäumen herauskommen und man das Gefühl hat, von unsichtbaren Präsenzen umgeben zu sein. Vielen Leuten scheint es, als ob tausend Augenpaare sie ansehen würden, was tatsächlich der Wahrheit entspricht. Ich glaube nicht, daß Baumgeister jemandem im Wald Schrecken einjagen würden, doch ihre Schwingungen sind so anders als unsere, daß uns die Gänsehaut über den Rücken läuft.

Dora van Gelder

Die höheren Pflanzenelfen oder Landschafts-feen sind mit anspruchsvollen Aufgaben be-traut und arbeiten ähnlich den Baumgeistern nicht nur im Bereich eines Elements. Ihre Energie durchströmt dann einen größeren Lebensraum mit allem, was darin sprießt und grünt, kreucht und fleucht.

Manche Menschen nehmen die Energien von Panwesen in der Gestalt eines bocksbeinigen Fauns wahr. Der große Pan symbolisiert die Urkräfte in der freien Natur. Er ist ebenfalls ein sehr machtvolles Geschöpf voll sprühender Vitalität, dem man allein über den Weg verstandesmäßiger Erklärungen nicht nahe kommen wird.

Neben solchen urigen und wilden Gestalten gibt es aber auch so extravagante Erscheinungen wie das scheue Einhorn, das nur die einsamsten Wälder durchstreift und ein Reittier der Feen ist.

NAMHAFTE UND

Die große Schar der ätherischen Naturwesen nennen wir Elfen und differenzieren je nach Region und Überlieferung zwischen Wichteln, Hügelvolk, Blütenelfen usw. Die bereits höher entwickelten Wesen heißen bei uns Feen, Nymphen oder neuerdings auch Devas (Indisch für »Leuchtende«, »Glänzende«).

Für viele Naturgeister haben wir aber gar keine Namen. Sie sind so klein, dass sie nur in Gruppen anzutreffen sind. Diese winzigen Wachstumskräfte werden für eine bestimmte Aufgabe von den Engeln erweckt und verschmelzen dann wieder mit dem Energiefeld der Erde. Die Menschenwelt ist für diese Wesen ohne Belang. Doch könnten wir Menschen genauso wenig wie die Tiere überleben, wenn nicht die vielen feinstofflichen Wesen in der Natur entscheidend mithelfen würden, die Pflanzenwelt, die unser grundlegender

NAMENLOSE KRÄFTE

Nahrungslieferant ist, zu hüten und die Fruchtbarkeit des Bodens anzuregen. Alle Naturgeister sind Teil des lebendigen Organismus Erde.

Lichtelfen

und Dunkelelfen

Das Elfenreich ist erfüllt von Musik, Gesang und Tanz. Beschwingt umkreisen Blumenelfen ihre Schützlinge oder hüpfen bei Sonnenaufgang in buntem Reigen über taubenetzte Wiesen. Zwerge und Kobolde sind oft zu Streichen und verrückten Spielen aufgelegt. Sie lieben aber auch die behagliche Atmosphäre eines wärmenden Feuers oder die Geborgenheit von dunklen Höhlen, in denen sie die Kraft aus Pflanzenwurzeln speichern und so den Reichtum der Erde mehren.

Der Baum
der neun Welten

In den germanischen Zauberliedern, in den Mythen der Edda, findet man Beschreibungen von verschiedenen andersweltlichen Reichen, in denen auch die Naturgeister leben. Man nannte diese Wesen *álfar* und ihre Heimat *alfheimr*. Die Bezeichnung *Alben* oder *Elben* (vom Germanischen *albi* = glänzend, strahlend und vom Lateinischen *albus* = weiß) und später *Elfen* (vom Altnordischen *aelf*) ist davon abgeleitet.

In den altnordischen Sagen sind Alben mit den Göttern verbundene hilfreiche Geister. Man unterschied einst zwischen Lichtelfen und Schwarzelfen, ohne jedoch die Naturgeister damit in Kategorien von Gut und Böse einzuteilen.

• Lichtelfen sind schlichtweg die über der Erde im Sonnenlicht tätigen Naturgeister. Im Baum der neun Welten mit Namen Yggdrasil liegt ihr Reich gleich unter der Krone (Asgard), in der die Himmelsgötter thronen. Vor allem die Pflanzen- und Luftgeister würde man zu den Lichtelfen zählen.

• Schwarz- oder Dunkelelfen sind die Naturgeister, die in der Erde oder in Felsen hausen. Ihre Heimat liegt unterhalb von Midgard, der Menschenwelt, und oberhalb von Yggdrasils Wurzeln, wo sich die Unterwelt (Hel) befindet. Wir bezeichnen die Schwarzelfen heute als Zwerge.

Obwohl die Lichtelben in den alten Quellen als wunderschöne und freundliche Wesen und die Schwarzelben zum Teil als uralte und hässliche Gnome beschrieben werden, wusste man, dass sie beide Teil der Schöpfung sind und ihren Platz im Baum des Lebens haben. Erst mit dem aufkommenden Christentum schlichen sich moralische Wertungen ein. Plötzlich schrieb man den an sich neutralen Naturwesen negative, teuflische Kräfte zu und verbot den Menschen, mit ihnen zu kommunizieren.

Die Elfen gerieten spätestens ab dem frühen Mittelalter ins Zwielicht. Man hielt sie sogar für gefallene Engel. Ein Alb war nach der damaligen Vorstellung zu einer Schaden bringenden, dämonischen Kraft herabgesunken, die abergläubische Furcht auslöste. Bis heute bezeichnen wir mit dem Begriff Albtraum eine schreckenerregende, unangenehme Erfahrung.

Erst im Zeitalter der Romantik werden die inspirierenden und heiteren Seiten der Naturgeister wiederentdeckt. Doch an den Elfen blieb der Makel hängen, dass sie leicht zu beleidigen seien und sich dann von einer äußerst boshaften Seite zeigten. Man beschuldigte sie, Kinder zu stehlen, Menschen zum Narren zu halten oder sogar durch Feuersbrünste oder Naturkatastrophen in Gefahr zu bringen.

Heute erkennen viele, dass die meisten Gefahren von den Menschen selbst ausgehen und dass sich in den äußeren Geschehnissen meist innere Konflikte oder gesellschaftliche Missstände und Disharmonien spiegeln. Mit den Elfen bewusst Freundschaft zu pflegen, ist für manche dagegen wieder ein Weg, um zum Einklang mit der Natur zurückzufinden.

Zeittore zwischen den Welten

Eigentlich folgen die Naturgeister lediglich den Impulsen, die durch die Engel des Lichts kanalisiert werden. Die Energien der Elfen sind dabei ganz auf die jahreszeitlichen Rhythmen eingestellt und dem Element angepasst, in dem sie sich vorwiegend betätigen. Da sie jedoch aus der astralen Sphäre stammen, die von Gefühlsenergien dominiert wird, treten sie auch leicht mit den Menschen in Resonanz.

Elfen reagieren stark auf menschliche Bewunderung für die von ihnen betreuten Schützlinge sowie auf freundliche Zuwendung und ehrliches Lob. Außerdem werden sie von positiven sexuellen Energien aufgebaut. Pflanzenelfen lieben jede Form von Fruchtbarkeitszauber.

Eine ebenso große, aber abschreckende Wirkung auf die Elfen haben negative Gefühle von Menschen. Die Naturwesen flüchten vor einer zornigen Person, die Pflanzen und Tiere lieblos behandelt.

Von menschlicher Wut und grausamen Gedanken werden jedoch andere Wesenheiten in der Astralwelt angezogen, die man auch als Dämonen, Elementale oder Spukgestalten bezeichnet. Sie sollten allerdings nicht mit den Naturgeistern verwechselt werden, obwohl die Übergänge manchmal fließend sind. Die Naturgeister gehen fleißig ihren Aufgaben nach, dabei spielen, singen und tanzen sie voller Freude und Übermut. Sie haben im Gegensatz zu dämonischen Astralwesen kein Interesse daran, sich an negative, destruktive Emotionen zu hängen, sie zu schüren und sich von ihnen zu nähren.

Eine Eintrittskarte in die Welt der Elfen bekommt jeder, der seine aufrichtige Freude auch an den kleinsten und verborgensten Schönheiten der Natur zeigt. Ein weiterer einfacher Zugang besteht darin, sich zu bestimmten Zeiten auf die Elfen einzustimmen. Zu manchen Stunden oder an bestimmten Tagen kommen sich diesseitige und jenseitige Sphären nämlich besonders nahe.

DER JAHRESKREIS UND DIE FESTTAGE DER ELFEN

Der Übergang von Tag und Nacht, bestimmte Tageszeiten oder der Wechsel der Jahreszeiten sind hervorragend geeignet, um in das Reich der Elfen und Feen zu blicken. Es gibt vier große Feste in der Natur, bei denen Menschen- und Elfenwelt besonders eng zusammenrücken. Es handelt sich dabei um folgende markante Tage im Sonnenjahr:

*21. Dezember
Winter-
sonnenwende*

*21. September
Herbst-
Tagund-
nachtgleiche*

*21. März
Frühlings-
Tagund-
nachtgleiche*

*21. Juni
Sommer-
sonnenwende*

Am stärksten lassen sich die Elfen und Feen im Frühling erspüren, wenn alles in der Natur auf Wachstum und Erblühen eingestellt ist. Die Nacht zum ersten Mai ist ein zusätzlicher wichtiger Feiertag, an dem traditionell die Feen und Elfen zusammen mit den Menschen das Leben feiern. Ein weiterer Festtag des Jahres ist die Mittsommerzeit, wenn die Entfaltung in der Natur ihren Höhepunkt erreicht hat. Am 24. Juli, dem Johannistag, ist auch die Magie der Wassergeister am stärksten.

Je mehr es auf Herbst und Winter zugeht, desto mehr ziehen sich die Elfen zurück, um in der Erde zu ruhen. Jetzt erleben empfindsame Menschen eine Zeit astraler Kontakte mit dem Reich der Toten. Wenn das Licht zum Julfest (24. Dezember) wiedergeboren wird, jagt zwölf Nächte lang eine wilde Schar von Naturgeistern durch die Lüfte und macht sich bereit für ein neues grünes Wachstumsjahr.

Neben diesen großen Jahresfesten gibt es jeden Tag besondere Stunden, in denen die Naturgeister sehr aktiv sind und von den

Menschen belauscht werden können. Hier handelt es sich wiederum um energetische Übergangsphasen:

• Morgendämmerung und Sonnenaufgang
• Mittagszeit
• Abenddämmerung und Sonnenuntergang
• Mitternacht

Nicht nur das Sonnenlicht spielt eine große Rolle für das Wirken der Naturgeister. Auch die Kräfte des Mondes locken die Feen und Elfen hervor. Besonders in Vollmondnächten zur Julzeit tanzen die Zwerge. Die sommerlichen Kreistänze der Blumenelfen auf Waldlichtungen und Feldern regen – genauso wie ihre Zauberlieder – das Wachstum der Pflanzen an.

Ein besonderer Elfentag ist im Übrigen der Freitag. Er war ursprünglich der germanischen Göttin Freyja geweiht. Der Samstag ist der Tag von Frau Holle. Sie ist genauso wie Freyja ein Aspekt der alten großen Muttergöttin und damit eine Schutzpatronin der Naturgeister.

Das Schwierige an unwahrscheinlichen Begegnungen ist, daß du nur wahrnimmst, was du für wahrscheinlich hältst. Alles andere wird ständig vom Gehirn korrigiert, in seine übliche Erscheinungsform gebracht. Es hat ziemlich lange gedauert, bis ich meinen Verstand überlisten und mein Auge die Elfenform herausarbeiten konnte.

Luisa Francia

Zauberfreunde und Begleiter

Die Elfen und Feen treten in erster Linie als Hüterinnen und Helferinnen im Pflanzen- und Tierreich in Erscheinung. Doch manche von ihnen wenden sich auch voller Fürsorge den Menschenkindern zu.

Elfen und Feen empfinden besondere Zuneigung zu Babys und Kleinkindern. Umgekehrt sind die Kleinsten leicht für das Elfenreich zu begeistern und finden mühelos einen Zugang zu dieser märchenhaften Ebene der Wirklichkeit, in der die Verständigung ohne Worte geschieht.

Elfen und Kinder sind sich so ähnlich. Die Unmittelbarkeit ihres Gefühlsausdrucks, ihre emotionale Offenheit, Aufrichtigkeit, Neugier und Spontaneität verbinden sie. Sie übermitteln sich mühelos innere Bilder und Gefühle, die sie zum Lachen bringen.

Elfen begleiten die Seelen der Ungeborenen, die gerade noch in den Seerosenteichen,

Brunnen oder Quellen der Anderswelt ruhten, auf ihrem Weg ans Licht der Welt. Sie stehen ihnen bei der Geburt zur Seite und helfen beim Übergang von der einen in die andere Welt.

Freundliche Elfen und Feen hüllen ein Kind sanft in warme, helle Energien ein, wenn es diese Zuwendung von den eigenen Eltern nicht bekommen kann. In gewisser Weise übernehmen Elfen und Feen eine Art Patenschaft für das Neugeborene.

Auch bei größeren Kindern stellen sich Elfen und Feen ein, wenn sie spüren, dass diese sich verloren und unverstanden fühlen oder traurig und einsam sind. Ein Kind zieht diese unsichtbaren humorvollen und für jeden Spaß zu begeisternden Spielkameraden magisch an, und es fühlt sich durch ihre Gegenwart getröstet.

Als Artus zur Welt kam, empfingen ihn Elbe. Sie sangen über ihn mit starkem Zauber. Sie gaben ihm Gewalt, der beste aller Ritter zu sein; sie gaben ihm ein Zweites: ein mächtiger König zu werden; sie gaben ihm das Dritte: ein langes Leben zu führen; sie gaben dem Königskinde gar treffliche Tugenden, so daß er freigebig war vor allen anderen lebenden Männern. Dies gaben ihm die Elbe, und so gedieh das Kind. Als später König Artus sich zum Kampfe rüstet, fertigt ihm ein elbischer Schmied mit seiner köstlichen Kunst eine Brünne an; er hieß Wygar, der kluge Werkmann.

Paul Hermann

Die Feen –

Hüterinnen der Erde

Die schöne Melusine, die geheimnisvolle Fee Morgana, Frau Holle, die das Wetter macht, Frau Verena, die Kindersegen schenkt, die huldvollen Saligen Frauen oder die Segen spendenden drei Bethen – ihre Namen, die wir aus Märchen und Sagen kennen, erinnern in Wahrheit an die alte Macht der mütterlichen Erdgöttin und ihrer Priesterinnen. Vor langer Zeit wurde die Vielgestaltige an heiligen Quellen und Hainen, bei Ahnenhügeln oder magischen Steinen verehrt.

Alles nur ein Märchen?

Wer kennt nicht die Geschichte von Dornröschen: In der Wiege wird die Königstochter von den Feen reich mit Gaben beschenkt. Zwölf gute Feen sind am Hof erschienen. Doch bevor die letzte ihren Segen sprechen kann, stürzt die vergessene dreizehnte Fee rachsüchtig herbei und verflucht das Mädchen. Die zwölfte Fee vermag diesen bösen Zauber nicht zu bannen. Aber sie kann den Schicksalsspruch so weit abmildern, dass die Königstochter nicht sterben muss, sondern nur in einen hundertjährigen Schlaf versinkt, wenn sie sich an einer Spindel sticht. Von einem schönen Prinzen soll sie daraus wachgeküsst werden.

Das Grimmsche Märchen von Dornröschen basiert auf einer älteren, von Charles Perrault erzählten Legende. Perrault war der Autor einer Reihe von Feenmärchen, die im 17. Jahrhundert am Hof des französischen Königs Ludwig XIV. in Mode kamen. Der Stoff dieser Erzählungen stammte aus volkstümlichen Überlieferungen, deren Quellen weit zurückreichten. Doch waren die Inhalte im Laufe der Jahrhunderte von christlichen Vorstellungen stark geprägt und entsprechend umgestaltet worden. In der neu aufkommenden Literaturgattung des Zaubermärchens ging man ab dem 17. Jahrhundert daran, die alten Figuren noch weiter zu bearbeiten. Sie wurden den zeitgenössischen moralischen Normen und pädagogischen Vorstellungen angepasst.

In der alten deutschen Sage kannte man die Feen nur unter dem Namen Salige Frauen, Perchten oder Wilde Frauen. Der Rang einer Feenkönigin kam hier Frau Holle zu, die in der Anderswelt wohnte und eine wilde Schar von Elfen anführte.

Die Feen der Märchensammlungen sind von ganz anderer Art als die Geschöpfe aus dem Reich der Naturgeister, die wir bereits als höher entwickelte Baum-, Wasser- oder Luftelfen kennen gelernt haben. Die Feen im Märchen gleichen weisen Frauen und guten Zauberinnen oder aber bösen Hexen, vor deren Verwünschungen man sich in Acht nehmen muss. Ihre magischen Kräfte wecken sie zwar durch Beschwörung der Elemente Erde, Wasser, Feuer und Luft. Oder sie zaubern mit Hilfe von Tiergeistern vorzugsweise Katzen oder Raben, und Pflanzengeistern aus Nachtschattengewächsen, Pilzen oder Hollerbüschen. Diese Feen sind aber keine personifizierten Naturgeister.

Die Märchen erzählen von Feen einer anderen Herkunft: von Feen, die vorzeitliche göttliche Wesen waren und die in Menschenfrauen ihre Schülerinnen und Priesterinnen fanden. Sie rufen auch die Erinnerung an halbgöttliche, mythische Zauberinnen und Schamaninnen wach, die in der Anderswelt genauso lebten wie in der diesseitigen Welt. Die Plätze ihrer früheren Haine und Höhlen, die einstigen Wohnstätten ihres Volkes finden wir heute nur noch mit Intuition und innerer Einstimmung auf die energetischen Botschaften von besonderen Punkten in der Landschaft wieder. Markante Feenplätze sind die megalithischen Steinsetzungen, die

GEFEIT IST,
WEM DURCH ZAUBER
KRAFT ZUFLIESST

Im englischen Sprachraum verstand man
in älterer Zeit unter fairie oder fairy eine
Zauberin ähnlich der französischen fée.
Mit fairies werden bis heute im Englischen
jedoch auch ganz allgemein die Naturgeister bezeichnet.
In Deutschland gab es im 12. Jahrhundert
das Wort fei, abgeleitet vom altfranzösi-
schen fae. Erst im Zuge der Übersetzung
von französischen Feenmärchen und von
Shakespeares Komödie »Ein Sommernachts-
traum« wurde das Wort Fee in die deutsche Sprache eingeführt.

uns aus den in Nebel gehüllten Epochen der Vorzeit erhalten geblieben sind und die teilweise bis heute als Orte der Kraft eine magische Ausstrahlung besitzen.

Die Nachfolgerinnen der Feen und Magierinnen der Großen Mutter waren die keltischen Priesterinnen und germanischen Seherinnen, später dann die weisen Hebammen, Kräuterweiblein und Waldfrauen, die schließlich jahrhundertelang als Hexen verschrieen waren und verfolgt wurden.

*Die geheimen Kräfte der Elfen,
ihre Zaubermacht ist so groß,
dass sie kaum Grenzen kennt.*

Brüder Grimm

Weise Schicksalsfrauen

Die Bezeichnung Fee stammt von dem lateinischen Wort *fatum*, das Schicksal, Verhängnis oder auch Weissagung bedeutet. Bei den Römern wurde das Schicksal eines Menschen durch drei Frauen, die Fata und später die Parzen, personifiziert. Die Griechen nannten diese weiblichen Gestalten Moiren; bei den Germanen hießen sie Nornen. Die Edda erzählt von einer heiligen Quelle, die an den Wurzeln des Weltenbaumes liegt, wo sich auch die Totenwelt befindet. Es ist der Brunnen der Nornen, die dort die Geschicke eines neugeborenen Menschenkindes mit Runenzauber bestimmen. Als Seelenführerinnen binden sie das Kind an seinen physischen Körper. Sie segnen es, damit es seinen Weg findet und sein Schicksal erfüllt. Es heißt, dass manche der Nornen, die ihren Zauber immer zu dritt wirken, von den Göttern abstammen. Andere würden zum Volk der Alben (Elfen) gehören.

GLÜCKS- UND

Die Drei ist traditionell die heilige Zahl der Göttin, die in der Gestalt des jungen Mädchens, der reifen Frau und der weisen Alten auftritt. Diese drei Aspekte der Göttin spiegeln die Phasen des zunehmenden Neumondes, des Vollmondes und des abnehmenden Mondes wider. Sie sind ein Symbol für die Wandlungsfähigkeit und Erneuerungskraft der Göttin, die mit der Erde und ihren Wachstumszyklen eins ist. Aus dem nie versiegenden Füllhorn von Mutter Erde gewährt eine Glücksfee die Erfüllung von drei Wünschen.

Die Neun (drei mal drei) ist die heilige Zahl der sagenumwobenen Schwesternschaften, die auf andersweltlichen Inseln der Seligen leben. Es sind durch Zauber geschützte Gärten und Haine der Göttin. Nur eingeweihte Frauen der Schwesternschaft erlangen Zutritt zu den durch magische Glaswände oder Nebel abgeschirmten Naturtempeln.

Morgana La Faye, die Herrin von Avalon, ist die berühmteste dieser Heilerinnen und Prieste-

LEBENSZAHLEN

*rinnen. Sie gilt als eine ihrer Anführerinnen.
Wie ihre Göttin, deren Schoß den Kreislauf
von Werden und Vergehen birgt, erscheint sie
sowohl als helle, gute Fee und Beschützerin des
Lebens wie auch als dunkle Schicksalsverkün-
derin und Todesbotin. Sie wird auch als dreifa-
che Morrigan bezeichnet: als junge Fruchtbarkeitsgöttin Ana, als Mutter Babd, aus deren
Kessel Leben entspringt, und als greise Macha,
die über das Totenreich gebietet.*

Die alte Erdreligion

Es war einmal vor sehr langer Zeit, da folgte auf das mythische Geschlecht der Riesen ein kleines Volk, das den Kult der fruchtbaren Erdgöttin pflegte. Das kleine Volk lebte in den Wäldern, die damals das ganze Land bedeckten. Es war mit der Erde, den Pflanzen und den Tieren tief verbunden und lebte in vollkommener Hingabe an die Zyklen in der Natur. In diesem ihm heiligen Rhythmus von Wachsen, Reifen und Vergehen schien es kaum eine Trennung zwischen den Sphären der Geister und der Lebenden zu geben. Alles kam von der Erde und kehrte immer wieder zu ihr zurück. Den Reichtum an Nahrung spendete die Erdgöttin als Große Mutter.

Die Magie hinter der Welt der Erscheinungen erfüllte das kleine Volk mit Ehrfurcht. Es war eine Zeit, in der Tag für Tag ganz selbstverständlich die Tier- und Pflanzengeister beschworen und die Ahnengeister der Sippe um

Rat gefragt wurden. Die Tore zur Anderswelt waren bei diesen Ritualen weit geöffnet.

Die Frauen waren die geschickten Vermittlerinnen zwischen der Großen Mutter und den Menschen. Sogar noch bei den Germanen und Kelten, die das steinzeitliche kleine Volk schließlich verdrängten, blieb die weibliche Kraft die Brücke zu den Göttern: Alle Frauen wurden als heilig geachtet; auf ihren Rat hörten auch die Krieger.

Beim alten, kleinen Volk gab es unter den Frauen jedoch auch herausragende zauberkundige Priesterinnen, die zwischen den Reichen hin und her reisen konnten. Sie waren die Feen, denen wir heute scheinbar nur noch im Märchen begegnen.

Mit ihrem inneren Auge sah Morgaine,
wie der Jahreslauf wieder und wieder um
den großen Ring der Steine kreiste.
Sie sah die Geburt, die Reife und
schließlich den Tod des Gottes.
Sie sah die großen Prozessionen, die sich
den spiralförmigen Weg zu dem
Eichenhain hinaufwanden, noch ehe die
Ringsteine hier oben standen ... die Zeit
wurde durchsichtig und verlor an
Bedeutung. Das Kleine bemalte Volk
tauchte auf, gelangte zur Reife und wurde
niedergemäht. Dann kamen die Stämme,
nach ihnen die Römer und große Fremde
von der Küste Galliens, und nach ihnen ...
Sie sah neue Welten sich erheben und
versinken ... Schweigen, und jenseits
der Nacht kreisten und drehten sich
die großen Sterne ...

Marion Zimmer Bradley

In den keltischen Sagen wird von dem alten zauberkundigen Volk der Erd- und Fruchtbarkeitsgöttin Danu erzählt. Man bezeichnete dieses Feenvolk als Tuatha De Danann. Es kam nach Irland, um sich dort anzusiedeln. Nach einiger Zeit wurde es jedoch von einem anderen, größeren Volk verdrängt. Die neuen Eroberer vertrieben es von seinem Land und aus seinen Dörfern. Die Kinder der Göttin Danu, die keine sklavischen Untertanen sein wollten, machten sich daraufhin unsichtbar und versuchten, im Verborgenen zu überleben. Es hieß sogar, dass sie sich in die Anderswelt zurückgezogen hätten und als Feen und Elfen weiterexistieren würden.

Nach der Überlieferung sind ihre in die Erde gebauten Wohnstätten und die alten Grabhügel, in die sie sich flüchteten, in Wahrheit verzauberte Feenpaläste. Die andersweltlichen Bewohner und ihre Behausungen werden in der keltischen Sage *side* genannt.

Auch andere vorgeschichtliche Stämme auf den Inseln im Westen und auf dem Kontinent wurden von Völkerscharen, die von Osten kamen, überrannt. Viele aus den alten Völkern starben oder gingen in den neuen Sippen auf. Manche zogen es jedoch vor, sich zu verbergen und in ihren versteckt gelegenen Erdhäusern nach den alten Bräuchen zu leben.

Die Neuankömmlinge waren Kriegervölker, die nicht den Riten der Muttergöttin folgten und das Land nicht in dem Maße für heilig hielten, wie es das alte Volk getan hatte. Zwar war das kleine Volk den neuen Eroberern in der Zauberkunde überlegen, doch handelte es sich um Rituale der Fruchtbarkeit und nicht um die Magie des Kriegers. Einzig die Pfeile, die sie in ihrer Verzweiflung aus dem Hinterhalt abschossen und die tödliche Wunden zufügten, waren als Elfenpfeile gefürchtet.

Die neuen Herrscher über das Land fingen an, die geheimnisvollen kleinen Erdleute, die scheinbar aus dem Nichts auftauchten und die geschickte Handwerker und große Künstler waren, um Dienste zu ersuchen und sie mit Speisen und anderen Geschenken zu entlohnen.

In den abgelegenen Regionen Westeuropas,

in Irland, Cornwall, Wales oder Schottland, oder in den einsamen Gebieten von Island und Skandinavien hat die Erinnerung an das alte Zaubervolk länger überlebt als im dicht-besiedelten, von der christlichen Kultur schnell gänzlich durchdrungenen Mittel-europa. Die abgeschieden lebende Landbe-völkerung, die oft noch eng mit der wilden Natur und ihren Geistwesen verbunden war, zollte dem ganz in die Anderswelt entrückten kleinen Volk noch lange Respekt. Sogar in der Gegenwart nähern sich vor allem die Is-länder den Feenhügeln nur mit höflicher Vorsicht und achten darauf, mit ihren Bewohnern in guter Nachbarschaft zu leben.

Von guten Feen und bösen Hexen

Es ist noch gar nicht so lange her, dass die Kontaktaufnahme mit den Feen und den Naturgeistern unter Anwendung der Rituale der Großen Göttin mit dem Tod auf dem Scheiterhaufen bestraft wurde. Schamanische Techniken, etwa der Flug in die Anderswelt, Fruchtbarkeitstänze oder die Verständigung mit Zwergen und Kobolden, wurden als teuflische Verbrechen unerbittlich verfolgt.

Die Erde wurde zur Zeit der Hexenverbrennungen schon lange nicht mehr als heilig verehrt, und Frauen erfuhren längst nicht mehr höchste Achtung als Botinnen und Repräsentantinnen einer mütterlichen Erdgöttin. Man sprach Frauen ihre besonderen heilerischen und seherischen Fähigkeiten ab. Sie galten als unrein. Man bezweifelte zeitweise sogar, dass sie überhaupt eine Seele besaßen.

Aus den guten Feen und den Priesterinnen

der Erdgöttin wurden böse Hexen, vor deren Schadenzauber man sich zu hüten hatte. Aberglaube und Furcht vor den Mysterien des Lebens führten zu grotesken Missverständnissen. Durch ihr Wissen um die Geheimnisse der Fruchtbarkeit und ihre Freude an der Sexualität erschienen die weisen Frauen vielen als schamlose und lasterhafte Weiber.

Nur noch selten schimmerte die wahre Bedeutung verschiedener Bräuche und magischer Handlungen durch.

*Eine Hexe ist eine Frau,
die Macht hat.*

Susun S. Weed

Eine Hexe ist eine Frau, die schamanisches Wissen besitzt. Sie kennt die Rhythmen der Natur. Mit jeder Faser ihres Körpers spürt sie die Gezeiten des Mondes. Sie versteht es, die geistigen Gesetze, die hinter den materiellen Erscheinungen verborgen sind, für sich zu nutzen. Sie hat die Macht, die Kräfte und Geister der Natur für bestimmte Zwecke einzusetzen und Einfluss zu nehmen. Als weise Zauberin und gute Fee betreibt sie weiße Magie und dient damit der Großen Mutter Erde. Als Schwarzmagierin wendet sie sich aus eigensüchtigen Motiven gegen das Leben. Als böse Feen oder Hexen wurden jedoch auch Schamaninnen, Priesterinnen und Heilerinnen bezeichnet, die das dunkle Gesicht der Göttin, ihre Nähe zum Totenreich, verkörperten – oder die ganz einfach nur das alte Kräuterwissen anwendeten und den Pflanzengeistern lauschten.

Das Wort Hexe lässt sich auf die Bezeichnung *hagzussa* oder *zunrite* zurückführen. Wörtlich übersetzt bedeutet es »Zaunreiterin« oder »Zaunweib«. Gemeint ist damit eine Frau an der Grenze (am Zaun oder an der Hecke) zur Anderswelt. Sie ist sowohl mit der materiellen diesseitigen Welt als auch mit der Anderswelt der Geister vertraut. Manchmal sendet sie ihren Geist in Tiergestalt aus, um Raum und Zeit zu überwinden und im Jenseits zu weilen. Ihre schamanischen Reisen, die »Ritte« in die Anderswelt, bringen sie auch mit den Seelen im Jenseits in Kontakt. Sie vermag mit den Naturgeistern zu kommunizieren. Die Feen der Naturgeister, die Hüterinnen des Landes, sind dabei ihre Verbündeten.

Schwanenjungfrauen und andere schöne Feen

Die halbgöttlichen Feen, von denen man später sagte, sie seien gefährliche Hexen, besaßen die Fähigkeit, ihre Gestalt zu verwandeln. Eine Hexe sei daran zu erkennen, dass sie Vogelfüße habe, hieß es. Doch war der Schwanen- oder Entenfuß ursprünglich ein charakteristisches Merkmal von Freyja, die im germanischen Götterhimmel die Nachfolge der vorzeitlichen Großen Göttin angetreten hatte und die zusammen mit ihrem Bruder Freyr über das Elfenreich (*alfheimr*) herrschte. Auch Frau Holle, die ebenfalls die Große Göttin personifiziert, wurde nachgesagt, sie bewege sich auf Vogelfüßen.

Die legendären Schwanenjungfrauen besaßen ebenfalls Vogelfüße. Darüber hinaus waren sie in ein weißes Federkleid gehüllt. Sie lebten sowohl in der Anderswelt als auch im Diesseits, wo sie meist zu dritt an Waldseen und in heiligen Hainen weilten.

Ihre Schönheit betörte jeden Mann. Wenn ihnen ein Sterblicher ihr Federkleid raubte, konnte er sie zu seiner Ehefrau machen und sie im Diesseits festhalten. Doch meist gelang es den Schwanenjungfrauen nach neun Jahren, ihr Federkleid wiederzugewinnen. Dann ließen sie Mann und Kinder zurück, um als Wolkenfeen wieder frei umherzuschweifen.

Die Schwanenjungfrauen waren wegen ihres Liebreizes berühmt und auch als mutige, entschlossene Kriegerinnen bekannt. In der Überlieferung heißt es, dass sie als Walküren die Seelen der gefallenen Krieger vom Schlachtfeld ins Totenreich führten.

Dass eheliche Verbindungen zwischen Feen und Menschenmännern kein dauerhaftes irdisches Glück bescheren, illustriert auch die Geschichte von der schönen Melusine aus dem französischen Lusignan. Sie war eine Wasserfee und heiratete den Neffen des Grafen von Poitiers, dem sie viele Kinder gebar. Bei der Hochzeit hatte sie ihrem Gemahl das Versprechen abgenommen, dass sie sich an einem Tag der Woche unbelauscht zurückziehen dürfe. Dem Ehemann war auch verboten, nach ihrer Herkunft zu fragen. Dafür wollte sie ihm Glück und Reichtum schenken. Lange Zeit erfüllte der Ehemann sein Versprechen, doch dann nahm seine Neugier überhand. Er spähte durch das Schlüsselloch und entdeckte zu seinem Entsetzen, dass sich seine schöne Gemahlin in ein fischschwänziges, schlangenartiges Monstrum verwandelt hatte. Sobald Melusine erfuhr, dass ihr Gemahl den Eid gebrochen und die Gehorsams- wie Vertrauensprüfung nicht bestanden hatte, verschwand sie spurlos aus dem Schloss. Die Ahnfrau des Hauses Lusignan zeigte sich nur dann wieder, wenn der Tod eines Mitglieds der Sippe kurz bevorstand. Dann erschien sie in den Wolken über dem Schloss oder umschwebte klagend den Sterbeort ihres Nachfahren.

In der deutschen Sage heißen solche Ahnfrauen aus dem Feenreich Weiße Frauen. Sie spuken in der Nähe von Burgruinen, Familiensitzen oder Kirchhöfen und künden durch ihr Erscheinen besondere Ereignisse an, die das Schicksal ihrer Sippe betreffen.

In Irland gibt es heute noch mehr als hundert Adelsfamilien, die sich mit einer Schicksalsfee besonders verbunden fühlen. Eine Banshee – wörtlich übersetzt: eine Frau aus dem Feenhügel – ist ein mütterliches Geistwesen, das in der Anderswelt lebt und an den Geschicken seiner irdischen Familie und Heimat regen Anteil nimmt. Mit drei grauenerregenden Rufen verkündet eine solche Fee den bevorstehenden Tod eines Clanmitglieds.

Alle Dinge, die uns materiell entgegentreten, sind nur die äußere Hülle von geistigen Wesenheiten.

Rudolf Steiner

FEENTIERE UND

Feen lieben die Freiheit. Kein Mensch und vor allem kein Mann kann sie auf Dauer zähmen. Sie lassen sich auch nicht auf eine bestimmte Erscheinungsform festlegen. Mal sind sie von atemberaubender, verführerischer Schönheit. Mal erscheinen sie in der Gestalt der weisen Alten oder gar der Totenführerin, deren Äußeres abstoßend ist. Gelegentlich jagen die sonst so sanften Liebesfeen auch als furchterregende Kriegerinnen durch die Wälder.

In jeder dieser Verwandlungen spiegeln die Feen die vielgestaltige weibliche Kraft in der Natur, die einst auch in Form der Großen Göttin verehrt wurde.

FEENPFLANZEN

Manche Tiere und Pflanzen sind den Feen besonders nahe, zum Beispiel Schwan, Rabe, Gans, Hirsch, Katze, Schwein und Schimmel, Apfelbaum, Holunder, Birke, Haselnuss, Erle, Eiche, Wacholder und dreiblättriger Klee.

Reisen in das

Reich der Feen

Wenn ich durch die Natur wandere, rede ich mit jedem Baum, jedem Tier, mit jedem Stein. Ich sehe ihre Seele und rede mit ihnen durch die Sprache der Empfindung!

Hans Sterneder

Ätherische Paläste

An einer besonders geschützten Stelle residieren die Feen eines Waldes, eines Flusses oder eines Berges. Ihr aus feinsten Energiefäden gewobener Palast schwebt über den grobstofflichen, für das bloße Auge sichtbaren Naturschönheiten und durchdringt sie gleichzeitig auch mit seiner subtilen Kraft. Die Feenpaläste entziehen sich dem flüchtigen Blick. So kann es geschehen, dass jemand direkt vor dem Feenthron steht und seine Königin nicht sehen kann.

Es bedarf des achtsamen Spürens und inneren Schauens, um als Mensch jene zarte Ebene der Feen und Elfen zu erreichen, die langsamer als das Alltagsbewusstsein schwingt.

*Denn diese Wesen sind uns nicht
täglich vor Augen, sondern ganz selten,
und wir sehen sie nur,
damit wir darum wissen,
daß es sie gibt und sehen sie so,
als erschienen sie uns im Schlaf.*

Paracelsus

Wenn wir schlafen, reist unser Bewusstsein in astrale Welten. Manchmal erinnern Träume an diese andere Ebene der Erfahrung. Durch Träume erleben wir auch, dass in der Anderswelt die Begrenzungen von Raum und Zeit, wie wir sie aus dem Alltagsleben im Wachzustand kennen, aufgelöst sind. Innerhalb von Sekunden ist es möglich, komplizierte Abenteuer zu bestehen. Entfernungen können mühelos überwunden werden. Wir begegnen vielleicht verstorbenen Angehörigen oder Freunden und sprechen mit ihnen. Auch im Reich der Feen und Elfen, das Teil der Anderswelt ist, scheint für einen Menschen die Zeit stillzustehen. Dieser Zustand der Zeitlosigkeit ist ein Zustand der Trance. Man kann ihn willentlich durch lange geistige und körperliche Schulung sowie durch verschiedenste Rituale, die die Grenzen des Ichs durchlässig machen, erlangen. Allerdings sollten die Vorbereitungen für eine solche schamanische Reise in die Anderswelt sorgfältig getroffen werden, damit man auch wieder heil zurückkehrt. Am besten lässt man sich bei solchen Unternehmungen von einem erfahrenen Lehrer begleiten.

Für eine Annäherung an das Elfenreich und einen freundschaftlichen Kontakt reicht es jedoch aus, sich zu entspannen. Durch Atemübungen oder Meditation können Körper, Verstand und Gefühl harmonisch miteinander verbunden und ins Gleichgewicht gebracht werden. Auf diese Weise wird ein innerer Raum geschaffen. Je stabiler die geistig-seelische Balance und die Verankerung im Körper, desto leichter ist es möglich, sich für die geistigen Sphären zu öffnen und gefahrlos in andere Realitäten vorzudringen. Je

ausgeglichener ein Mensch ist, desto besser ist er vor unliebsamen, verwirrenden Erfahrungen in der Anderswelt geschützt. Schließlich geht es darum, zu lernen und reicher an Erfahrung zu werden, und nicht darum, aus der eigenen Welt zu flüchten und sich von Trugbildern narren zu lassen.

Es gibt mehr als eine Wirklichkeit, aber man sollte die Wirklichkeiten nicht miteinander vermischen.

Dion Fortune

Eigentlich brauchen Sie nichts Besonderes zu tun, um sich in der Natur auf die Elfen und Feen einzustimmen und ihre Botschaften zu empfangen. Versuchen Sie einmal bei einem Ausflug, zunächst in ruhiger Beobachtung vor einem großen Baum oder vor einer üppigen Blumenwiese zu verweilen, markante Fels- oder Geländeformationen zunächst aus respektvoller Entfernung zu studieren oder am Rand eines Gewässers gelassen dem munteren Plätschern zu lauschen. Schnell werden Sie sich eingeladen fühlen, näher zu treten.

Erwarten Sie dabei nichts Spektakuläres, schon gar nicht, dass sich vor Ihren Füßen niedliche Blütenelfen, die Feenstaub verteilen, oder Zwerge mit Rauschebart und Zipfelmützchen materialisieren – obwohl Ihnen so etwas durchaus jederzeit passieren kann. Seien Sie auch nicht enttäuscht, wenn sich keine überwältigend schönen, farbenprächtigen inneren Bilder einstellen oder wenn keine laute Stimme aus der Erde erschallt. Es kommt zunächst darauf an, einfach nur still zu werden und sich bewusst zu machen, dass alles in der Natur beseelt ist.

Ein Mensch, der in einem Garten
oder an einer Landschaftsgestaltung in
dem Bewußtsein arbeitet,
daß die Elementarwesen überall um
ihn herum eifrig tätig sind,
braucht nicht auf solche Bilder zu warten. Um die Wesen der Elementarberei-
che in unser Schaffen einzubeziehen,
genügt es, bei konkreten Handlungen
auf innere Impulse und Zeichen
zu lauschen, die auf den Wogen unserer
Liebe und Anerkennung als Rückmel-
dung aus der Parallelwelt
zu uns zurückkommen.

Marko Pogăcnik

Von Baum zu Mensch

Feen sind Hüterinnen. Wenn Sie der Natur achtsam begegnen, werden Sie spüren, dass Sie beispielsweise bei einem Spaziergang durch Wald und Feld mehrere subtile Wachposten passieren. Ein Bach oder eine Hecke kann eine energetische Grenze markieren. Oft erfüllen auch Bäume diese Aufgabe.

Es ist eine schöne alte Sitte, Bäume zu grüßen. Fragen Sie darüber hinaus innerlich um Erlaubnis, bevor Sie eine idyllisch gelegene Lichtung durchqueren oder einen Hügel erklimmen – Sie könnten sonst ungebeten in das Reich einer Fee eindringen, und das geschieht manchmal nicht ungestraft. Tanzenden Elfen sollten Sie in respektvollem Abstand zuschauen und ihre Kreise nicht stören. Auf diese Weise bleiben Sie ganz bei sich und können das Wunderbare genießen, ohne dass Ihnen schwindelig und sonderbar zumute wird, weil Sie unvorbereitet und ungeschützt den astralen Bereichen zu nahe gekommen sind.

Eine gute Übung ist es, mit einem Baum Freundschaft zu schließen. Die im Baum lebende Dryade ist oft ein sehr altes Wesen und bereit, einen Menschen an ihrer Weisheit und vitalen Kraft teilhaben zu lassen.

Die dem kosmischen Licht und den Erdentiefen hingegebenen Bäume sind erleuchtete Wesen; wenn wir uns ihnen öffnen, können sie auch uns zur Erleuchtung führen.

Wolf-Dieter Storl

Besuchen Sie »Ihren« Baum regelmäßig. Berühren Sie seinen Stamm, lehnen Sie sich an ihn, oder legen Sie sich unter sein Blätterdach, um zu träumen. Vielleicht erhalten Sie so die Antwort auf eine Frage oder die Inspiration für ein wichtiges Projekt. Oder Sie gewinnen eine neue Perspektive, um ein Problem zu lösen.

Dryaden haben viel Persönlichkeit, und es wird sich ein ganz individueller Austausch zwischen Ihnen entwickeln. Bilder, Symbole und Gefühle sind die Sprache der Bäume.

Die Menschen fragen mich immer wieder: Sprechen Sie zu den Bäumen? Theoretisch tue ich das, doch eigentlich höre ich ihnen eher zu.
Ich stelle dem Baum eine Frage und für die nächsten paar Stunden höre ich ihm zu, was er mir zu sagen hat.

Dusty Miller

Rosenelfen
für das Herz

Selbst wenn Sie die kleinen Kerle nicht mit bloßem Auge sehen können – in einem Blumenbeet wimmelt es meist von winzigen Blütenelfen, die an Knospen und Blüten »arbeiten«.

Wenn Sie sich zur sonnigen Mittagszeit in der Nähe eines blühenden Beetes niederlassen, werden Sie von der feinen Wachstumsenergie aufgeladen, die die Blumen einhüllt und ihnen entströmt. Sie verstärken diese Vorgänge auf der ätherischen Ebene, wenn Sie Ihr Herz öffnen und den Blumen und ihren Helfern liebevolle, aufbauende Gedanken schicken. Stellen Sie sich einfach vor, Sie würden mit Ihrem Herzen ein- und ausatmen.

Probieren Sie dies einmal an einem hellen Sommertag vor einem Rosenbeet aus.

Gärtnern mit Liebe

Gedankenlosigkeit und Ungeduld sind schlechte Angewohn-
heiten, die Sie ablegen sollten, wenn
Sie einen guten Kontakt zum Reich der
Naturgeister herstellen wollen.

Gedankenlos handelt, wer Blumen abpflückt
oder Büsche beschneidet, ohne vorher die
Pflanzengeister mit innerlich oder laut ausge-
sprochenen Worten von diesem Vorhaben zu
informieren und ihnen so die Chance zum
friedlichen Rückzug zu geben.

Gedankenlos ist es auch, Blumensamen oder
Setzlinge ohne einen kleinen Segensspruch
einzupflanzen. Wem das übertrieben erscheint, der sollte wenigsten ganz bei der
Sache sein und freundliche Gedanken hegen.
Vielleicht liegt es Ihnen ja auch mehr, beim
Gärtnern zu singen oder vor sich hin zu summen. Damit erzeugen Sie ebenfalls viel posi-
tive Resonanz bei den Naturwesen.

Erinnern Sie sich daran, dass Sie es bei den
kleineren Elfen mit lebendigen, verspielten

und liebenswürdigen Wesen, die in vielem Kindern gleichen, zu tun haben. Zeigen Sie selbst – auch als Mann – Ihre »mütterliche«, fürsorgliche Seite. Ihre »weibliche« Gefühlswelt, die sonst viel zu schnell unterdrückt und missachtet wird, kann sich jetzt kreativ entfalten. Vertrauen Sie Ihrer Intuition. Humor ist ebenfalls ein guter Begleiter ins Reich der Feen und Elfen.

Ungeduld ist ein Zeichen von Disharmonie. Wenn Sie Angst haben, etwas zu verpassen, oder nicht die Ruhe finden, sich auf eine Sache wirklich einzulassen, verscheuchen Sie durch Ihre Unrast die empfindsamen Naturgeister. Sie selbst haben dann keine Geduld, Ihren Blick zu erweitern und über die Grenzen Ihrer kleinen, hektischen Welt hinauszuschauen.

Atmen Sie lieber tief durch, und lassen Sie die Anspannung von sich abgleiten.

Ein Zwerg, der sich mit dem Mineralreich beschäftigt, hat unendlich viel Zeit und Geduld. Kristalle haben schließlich einen äußerst langsamen Wachstumszyklus. Auch

Blumenelfen warten, bis der richtige Zeitpunkt gekommen ist, um eine Knospe zu öffnen oder eine reife Frucht von ihrem Zweig zu lösen.

In Aufruhr geraten die Naturgeister allerdings bei heftigen Wetterumschwüngen, Unwettern oder Naturkatastrophen. Ihre Energien sind dann für uns Menschen sehr deutlich zu spüren. Bei einem Gewittersturm scheint die ganze Atmosphäre von Luftgeistern erfüllt zu sein. Dieses Getümmel hat allerdings nichts mit Unrast zu tun. Es ist vielmehr der Ausdruck von ungebrochener Vitalität und wilder Lebensfreude.

Wo die Natur am freiesten und wildesten ist, sind Feen und Elfen nicht weit.

Ted Andrews

Elfengarten

und Feenpalast

Nur ein dünner Schleier trennt Menschenwelt und Feenreiche. Die Gefühle und Leidenschaften des Menschen schlagen die Brücke zwischen beiden Sphären. Doch an manchen Plätzen öffnen sich die Tore in die andere Zauberwelt fast wie von selbst.

Die Nebel teilen sich

In einsamen ländlichen Gegenden und an mythischen, geschichtsträchtigen Orten finden sich die meisten Tore in die Zauberwelt der Feen und Elfen. Vorzugsweise sind es Plätze, an denen zwei Elemente in besonderer Weise auf einander treffen. Überall dort, wo sich Himmel und Erde, Wasser und Feuer, Land und Meer auf spektakuläre Weise vermählen, werden Energiewirbel erzeugt, die wie Schleusen wirken.

Ein Wasserfall, ein Berggipfel, eine schön geschwungene Meeresbucht oder eine Höhle markieren das Tor zwischen den Welten, durch das zuweilen auch ein Mensch schlüpfen kann. Man hat es hier mit einem räumlichen Grenzbereich zu tun, der manchmal durch die Zeitpunkte der Wandlung im Tages- und Jahreslauf oder durch den Mondrhythmus zusätzlich energetisiert wird.

Zu bestimmten Anlässen erfahren die Feenplätze in der Natur eine starke Aktivierung.

Es handelt sich dabei vor allem um Jahreszeitenfeste wie Mitsommer oder um Voll- und Neumondnächte. Bereits die Menschen der Steinzeit haben dies erkannt und die besonderen Orte und Gelegenheiten für ihren Zauber genutzt. Es wurde dann an diesen Stellen zu bestimmten Zeiten geopfert, das Orakel befragt und in die Zukunft geschaut, ein Vorhaben gesegnet oder ganz einfach lustig gefeiert, geschmaust und getanzt.

Magische Plätze, wo die Feen und Elfen tanzen, sind auch ganz in Ihrer Nähe zu finden: etwa in einem Hain alter Obstbäume oder bei einer dichten, wildwachsenden Weißdornhecke.

TORE IN DAS

Von einem Augenblick zum nächsten können Sie ganz unvorbereitet in das Land der Feen und Elfen gelangen. Oft geschieht das bei Vollmond.
Halten Sie die Augen offen, wenn es Ihnen bei folgenden Orten oder Gelegenheiten plötzlich etwas seltsam zumute wird oder Sie gar ein feines Wispern und Kichern vernehmen ...

• Quellen, Brunnen, Bäche, Seerosenteiche, Waldtümpel, Moorseen, Meeresstrudel, Meeresgrotten, Wasserfälle, Inselstrände.

• Kaminfeuer, Lagerfeuer, Vulkankrater.

• Sturmumtoste Berggipfel, Windböen, plötzliche Windstöße, die eine Wasseroberfläche kräuseln oder Staub aufwirbeln.

FEENLAND

• *Waldwiesen, Moosteppiche, kreisförmig wachsende Blumen- oder Pilzkolonien, alte Bäume, wilde Ecken oder Komposthaufen im Garten, Erdlöcher, Erdhügel, Höhlen, Kreuzwege, Findlinge, Megalithsteine, Burgruinen, Kristalle.*

Inseln der Seligen

Sagenumwobenen Feenburgen kann man in großer Zahl beispielsweise in Irland, Wales, Schottland, Cornwall, auf Island oder in der Bretagne nachspüren. Das wohl berühmteste Feenschloß trägt den Namen Avalon. Der Legende zufolge befindet es sich bei Glastonbury in Südengland. Heute ist es jedoch ganz in die Anderswelt entrückt.

Wahrzeichen der Stadt Glastonbury ist der ungewöhnlich steile Hügel *The Tor*, der weithin sichtbar inmitten der fruchtbaren flachen Ebene aufragt. In früherer Zeit war Glastonbury im Marschland gelegen und wurde bei Flut zu einer Insel. Ein spiralförmiger Prozessionsweg führte einst zur Spitze des Tor. Man sagt, dass sich im Innern des Hügels der Palast eines Zwergenkönigs befindet. Ein Holunderbusch verdeckt den Eingang zu seinen unterirdischen Labyrinthen.

Das parallel zu den Häusern und Straßen von Glastonbury existierende mythische Inselreich der Fee Morgana und ihrer Schwestern wird auch Apfelinsel oder Insel der Seligen genannt. Die Feen widmen sich dort zum einen der Heilkunst. Zum anderen geleiten sie als Seelenführerinnen die Toten in die Paradiesgärten, in denen ewiger Frühling herrscht. König Artus, der Halbbruder von Morgana, soll in Avalon ruhen, bis er geheilt ist und in die Welt zurückkehren kann.

Die Fee sang ebenfalls von Avalon, aber die Schönheiten, die sie beschwor, waren zeitlos und überirdisch und gehörten zu dem inneren Avalon der Mondnächte, das zwischen den Welten liegt.

Marion Zimmer Bradley

Verzauberte Steine, Felsen und Gebirge

Die ganze Bretagne ist ein alter Feengarten. Hier befindet sich auch der geheimnisumwitterte Feenwald von Brocéliande (Forêt de Paimpont westlich von Rennes). Dort fand der Sage zufolge der große Zauberer Merlin in der Fee Viviane seine Meisterin. Die Dame vom See hatte den Magier in einen Stein, nach anderen Überlieferungen in ein Gebüsch hineingezaubert. Aus eigener Kraft konnte Merlin den Ort seiner Verbannung nicht verlassen. So blieb ihm nichts anderes übrig, als sich ganz der Fee, seiner Geliebten, anzuvertrauen und ihre weibliche Überlegenheit anzuerkennen.

In Deutschland gibt es ebenfalls noch zahlreiche bedeutsame Feenplätze. Alle Venusberge gehören beispielsweise dazu. Als Feenberge gelten auch der Blocksberg und der Berg Teck. Am bekanntesten sind jedoch die Wohnstätten von Frau Holle: allen voran der Hohe Meißner, der Hörselberg und der Kyffhäuser. Ähnlich wie Artus im Reich der Fee Morgana Heilung und Erlösung sucht, hat König Barbarossa bei Frau Holle, die auch unter den Namen Holda, Hulde oder Hel bekannt ist, Zuflucht gefunden.

Frau Holle, die alte vielgestaltige Muttergöttin, ist allerdings nicht an ein Feenschloss in der Tiefe der Erde gebunden. Als Fruchtbarkeitsgöttin und Wasserfee ist sie auch in Brunnen und Teichen zu finden, ebenso in Holunderbüschen. Wetterzauber ist ebenfalls eine ihrer Spezialitäten, und so ist Frau Holle nicht fern, wenn in den Bergen Nebel aufsteigen oder Schneeflocken tanzen.

Der süddeutsche Name von Frau Holle ist Frau Perchta oder Berta. Die Percht wohnt in den Bergen. Einer ihrer Feengärten ist Berchtesgaden. Frau Perchta streift in den zwölf Nächten zur Mittwinterszeit durch die Lüfte und die Wälder. Begleitet wird sie dabei von einer Schar von Perchten, die neue Fruchtbarkeit bringen und Übel abwehren.

Der sechste Januar ist der Tag, an dem man früher der Frau Perchta für all die Gaben dankte, die sie den Menschen geschenkt hat.

Im Wunderland

Alice öffnete die Tür und sah, daß sie in einen engen Gang führte, nicht viel höher als ein Mausloch. Sie kniete nieder, und als sie hineinschaute, fiel ihr Blick in den schönsten Garten, den ihr euch nur denken könnt.

Lewis Carroll

Das Tor öffnen – ein Spiel

Sie können eine Pilgerreise zu den Schauplätzen von Feensagen unternehmen und an berühmt gewordenen, von alters her bekannten Orten der Kraft Verbindung mit der Weisheit der Feen aufnehmen. Sie können zu Frühlingsbeginn einen markanten Platz in der Natur aufsuchen und dort nach Elfen Ausschau halten. Doch am schönsten ist es, sich in das Reich der Feen und Elfen einfach nur hineinzuträumen. Zum Beispiel an einem schönen Sommertag auf dem Balkon inmitten bunter, wuchernder Blumenranken oder im Garten unter einem schattigen Baum. Lang ausgestreckt auf einer Wiese lässt es sich ebenfalls sehr gut von Elfen und Feen träumen. Die Gedanken ziehen dann ganz gemächlich vorbei wie die Wolken am Himmel. *Stellen Sie sich vor*, dass sich irgendwo ganz in Ihrer Nähe der Eingang ins Feenreich befindet.

Ganz gelassen schweift Ihr Blick über Grashalme und Baumspitzen, über Blütenblätter und die tanzenden Schatten der Blätter hoher Bäume. Sie sehen vielleicht eine kleine Hummel durch die Luft eilen. Ein Schmetterling schaukelt vorbei, oder Sie nehmen den kleinen Maulwurfshügel im Rasen wahr. Daneben liegt vielleicht eine Feder im Gras.

In Ihrer Hand halten Sie möglicherweise einen schönen Stein, den Sie zuvor auf Ihrem Spaziergang gefunden haben. Oder es ist ein Kristall, den Sie schon lange besitzen und als Talisman und Handschmeichler immer in der Tasche mit sich tragen.

Verschiedene Geräusche dringen an Ihr Ohr und lassen Sie noch weiter in eine träumerische Stimmung gleiten: das Rascheln und Rauschen in den Blättern, das Summen der Bienen in den Blütenkelchen, das Zwitschern der Vögel.

Es riecht gut nach Erde und Gras. Die Blumen verströmen einen zarten Duft, der Ihnen ab und zu von einem sanften Windhauch zugeweht wird.

Ihre Augen sind ganz leicht geschlossen. Ihr

Mund lächelt ein wenig, so wohl fühlen Sie sich.

Plötzlich wissen Sie, dass Sie bereit sind, das Tor ins Feenreich wahrzunehmen.

Langsam entsteht ein Bild vor Ihrem inneren Auge. Eine Empfindung bildet sich heraus und weist Ihnen den Weg.

- Befindet sich der Zugang ins Feenreich in einem Baumstamm?
- Oder ist es eine Gartentür in einer Hecke oder Mauer?
- Gibt es da einen Gang beim Maulwurfshügel?
- Führt der Weg durch ein Mauseloch?
- Trägt ein Vogel Sie in seinem weichen Gefieder davon?
- Oder erscheint plötzlich ein Teich vor Ihrem inneren Auge, in den Sie hineingleiten und schwimmend untertauchen?
- Oder sitzen Sie auf einem Brunnenrand und lassen sich übermütig kopfüber in die Tiefe fallen?
- Erscheint ein Tier oder ein anderes Wesen, das Ihnen die Pforte zeigt?

- Vielleicht gibt es aber noch ein anderes Tor, das nur für Sie gemacht ist …

Wenn Sie wissen, wo sich der Eingang für Sie befindet, dann fassen Sie sich ein Herz und treten Sie ein.

Sie sind sicher und beschützt, während Sie hinabsteigen, -tauchen, -fallen, oder den Schlüssel umdrehen und in die andere Welt schlüpfen.

Stellen Sie sich vor, dass Sie in einen schönen Garten gelangen. Die Farben und Formen in diesem Garten sind einfach wunderbar und angenehm. Der Garten erscheint Ihnen wie das Paradies. Dort gibt es nichts, was Sie beunruhigen oder stören könnte. Sie freuen sich, in dem Garten zu sein, und schauen sich neugierig um.

Voller Bewunderung und Staunen registrieren Sie verschiedene Einzelheiten.

Sie fühlen, dass Ihnen sehr viel Kraft zufließt, während Sie sich an diesem Ort befinden. Sie spüren, wie Heiterkeit in Ihnen aufsteigt. Es scheint, dass Sie mit jedem Atemzug die Vitalität dieses grünen Zaubergartens in sich aufnehmen. Auch durch jede Pore Ihrer Haut fließen Ihnen Sanftmut, Fröhlichkeit und Stärke zu.

Je länger Sie in dem schönen Garten verweilen, desto reicher und beschwingter fühlen Sie sich.

Nach einer Weile sind Sie rundum gestärkt.

Jetzt nehmen Sie wahr, dass die Fee dieses Gartens zu Ihnen gekommen ist. Vielleicht ist sie allein, vielleicht wird sie von einer Elfenschar begleitet.

Sie sehen die Fee vor sich oder spüren ihre Anwesenheit.

Die Fee ist in ein so helles Licht gehüllt, dass Sie ihre Gestalt möglicherweise gar nicht deutlich erkennen können. Vielleicht sehen Sie nur einen Lichtschein. Oder Sie erblicken eine in helle Gewänder und Schleier gehüllte Person, die einen Kranz aus bunten Blüten im Haar trägt.

Die Fee steht Ihnen ganz ruhig gegenüber und sieht Sie voller Güte und Freundlichkeit an.

Sie spüren, dass Ihnen jetzt noch mehr Kraft zufließt. Sie fühlen sich eins mit der Freude und Vitalität, von denen diesen Garten durchwirkt ist.

Sie finden in Gegenwart der Fee den Mut, sich jetzt an ein Problem zu erinnern, das Sie so beschäftigt, dass Sie es in den Garten mitgenommen haben.
Die gute Fee hört Ihnen zu. Indem Sie jetzt an das Problem oder einen Wunsch denken, weiß auch die Fee davon.
Bitten Sie die Fee, Ihnen zu helfen.
Falls Sie nichts auf dem Herzen haben und an nichts aus der Alltagswelt denken wollen, dann bitten Sie die Fee nur, Sie mit ihrer grünen Kraft zu segnen.

Die Fee hebt ihren Zauberstab aus Licht.

Stellen Sie sich nun vor, dass die Fee Sie mit ihrem Zauberstab segnend berührt. Sie sendet Ihnen vielleicht Bilder und Botschaften, die eine Antwort auf Ihre Frage sind. Sie hüllt Sie vielleicht in Düfte, Töne und Gesang ein, um Sie zu trösten und zu ermutigen.

Nehmen Sie die Geschenke der Fee dankbar an. Machen Sie sich dann bereit, von der Fee Abschied zu nehmen.

Sie verneigen sich, und wenn Sie sich wieder aufrichten, sehen Sie, wie die Fee noch einmal Ihren Zauberstab hebt. Jetzt werden Sie plötzlich von oben bis unten mit goldenem Licht bedeckt, das Sie erstrahlen lässt.

Und während um Sie herum alles noch glitzert und funkelt, öffnen Sie die Augen.

Glücklich und zufrieden sind Sie mit einem Augenzwinkern wieder ganz bei sich daheim.

So saß sie mit geschlossenen Augen da und glaubte sich halb ins Wunderland versetzt; und dabei wußte sie doch recht gut, daß sie sich nur umzublicken brauchte, und alles würde wieder langweilig und wirklich werden: Das Geraschel im Gras kam nur vom Wind, nur das Schilf plätscherte im Teich …

Lewis Carroll

Nach dieser meditativen Reise recken und strecken Sie sich. Sie sind nun hellwach und fühlen sich erfrischt. Die Alltagswelt hat Sie wieder, aber Sie wissen nun, dass Sie jederzeit zu einem Besuch in den Garten der Fee zurückkehren können.
Ein Tor in das Feenreich befindet sich stets in Ihrer Nähe.

Literatur

Altman, Nathaniel: *Der Zauberkreis der Devas.* Ansata, Bern u.a., 2. Aufl. 1998.

Andrews, Ted: *Zauber des Feenreichs. Begegnungen mit Naturgeistern.* Silberschnur, Güllesheim, 2. Aufl. 1997.

Botheroyd, Sylvia und Paul F.: *Lexikon der keltischen Mythologie.* Droemer, München 1999.

Bradley, Marion Zimmer: *Die Nebel von Avalon.* Fischer, Frankfurt 1983.

Carroll, Lewis: *Alice im Wunderland.* Insel, Frankfurt 1973.

Cerny, Christine: *Das Buch der Naturgeister. Von Elfen, Zwergen, Feen und anderen Elementarwesen.* Goldmann, München 1997.

Diederichs, Ulf (Hrsg.): *Germanische Götterlehre.* Diederichs, München, 5. Aufl. 1993.

Francia, Luisa: *Mond, Tanz, Magie.* Frauenoffensive, München, 5. Aufl. 1992.

Gelder, Dora van: *Im Reich der Naturgeister.* Droemer, München 1999.

Göttner-Abendroth, Heide/Derungs, Kurt (Hrsg.): *Mythologische Landschaft Deutschland.* edition amalia, Bern 1999.

Grimm, Jacob: *Deutsche Mythologie.* Göttingen 1835 (Nachdruck Frankfurt 1985).

Hammer, Klaus (Hrsg.): *Feenmärchen.* Aufbau, Berlin 1997.

Hermann, Paul: *Deutsche Mythologie.* Aufbau, Berlin 1991.

König, Ditte: *Die Welt der Feen. Mythen, Märchen und Legenden. Heyne, München 1996.*

Lück, Marita: *Im Zauberkreis der Feen. Die keltischen Kinder der Natur. Walter, Zürich/Düsseldorf 1997.*

Metzner, Ralph: *Der Brunnen der Erinnerung. Von den mythologischen Wurzeln unserer Kultur. Aurum, Braunschweig 1994.*

Miller, Dusty/Adam, Martin: *Was die erzählen können! Zur Intelligenz der Bäume und Dusty Millers Fähigkeit, sie zu verstehen. (ZeitenSchrift, 15/97).*

Müller-Ebeling, Claudia/Rätsch, Christian/Storl, Wolf-Dieter: *Hexenmedizin. AT Verlag, Aarau 1998.*

Paracelsus (Theophrast von Hohenheim): *Das Buch von den Nymphen, Sylphen, Pygmaeen, Salamandern und den übrigen Geister (1590). Nachdruck, Marburg 1996.*

Petzold, Leander: *Kleines Lexikon der Dämonen und Elementargeister. Beck, München 1990.*

Pogačnik, Marko: *Elementarwesen. Die Gefühlsebene der Erde. Knaur, München 1995.*

Rüttner-Cova, Sonja: *Frau Holle. Die gestürzte Göttin. Sphinx, Basel 1986.*

Stecher, Christine: *Mein kleines Engelbuch. Mosaik, München 1998.*

Storl, Wolf-Dieter: *Pflanzendevas – Die Göttin und ihre Pflanzenengel. AT Verlag, Aarau 1997.*

Walker, Barbara G.: *Das geheime Wissen der Frauen. dtv, München 1995*

White Eagle: *Naturgeister und Engel. Aquamarin, Grafing 1997*

Bildnachweis:

G. Kellhammer 36/37, 38/39, 40/41, 42/43, 44/45,
46/47, 48/49, 50/51, 54/55, 56/57, 58/59, 62/63, 64/65,
66/67, 68/69, 70/71, 72/73, 74/75, 76/77, 78/79, 84/85,
86/87, 88/89, 90/91, 92/93, 94/95, 96/97, 98/99
Reinhard Tierfoto 13, 25, 41, 97, 117, 121, 125
Chr. Stecher 2/3, 4/5, 18/19, 34/35, 49,
60/61, 80/81, 91, 104/105
T. Stone Bilderwelten/Antrobus 79,
-/Baunton 108, -/Benoit 87,
-/Busselle 6/7, 8/9, 10/11, 12/13, 14/15, 16/17,
22/23, 24/25, 26/27, 28/29, 30/31, 32/33, 111,
-/Dykinga 82/83, -/Haas 72, -/Hermansen 65,
-/Lawrence 100/101, 102/103, 106/107, 108/109,
110/111, 114/115, 116/117, 118/119, 120/121,
122/123, 124/125, -/Lund 112/113,
-/Magnusson 20/21, -/McDermott 57,
-/O'Hara 44, -/Schafer 31, -/Wakefield 69, 122,
-/Walker 15, -/Waugh 52/53

Redaktion: Monika König/Beatrix Heeg
Lektorat: Henriette Zeltner
Bildredaktion: Elisabeth Franz
Art Direction und Layout: Noëlle Thieux, Magic Design
Umschlaggestaltung: Heinz Kraxenberger
Umschlagbild: Zefa/Ned Shaw
Reproduktion: Artilitho, Trento
Satz: Filmsatz Schröter GmbH, München
Druck und Bindung: Claussen & Bosse, Leck
Printed in Germany
ISBN 3-576-11151-4